अश्क़ और इश्क़

मनीष अश्क़

First Published in May 2022

ISBN: 978-93-5611-545-3

BLUEROSE PUBLISHERS
www.bluerosepublishers.com
info@bluerosepublishers.com
+91 8882 898 898

Cover Design:
Muskan Sachdeva

Typographic Design:
Sachvesh

Distributed by: BlueRose, Amazon, Flipkart

परिचय

नाम	मनीष लोहट
उपनाम	''मनीष अश्क''
जन्म स्थान	30 अगस्त 1984, रोहतक 124001 (हरियाणा)।
जीवन वृति :–	इनका जन्म मध्यमवर्गीय परिवार में हुआ। इनकी प्राथमिक शिक्षा घर के नजदीक के विद्यालय में हुई। इन्होंने अपने पिता जी की इच्छा अनुसार इंजिनियरींग का डिप्लोमा किया। 24 साल की उम्र में इनकी (HPGCL) पानीपत थर्मल में सरकारी नौकरी लग गई। मगर बतौर J.E. के पद पर कार्यरत (मनीष अश्क जी) ने अपने इस हुनर को कम न होने दिया बल्कि वक़्त के साथ हुनर और निख़र कर सामने आया।

मिर्ज़ा ग़ालिब साहेब इनके पसंदीदा शायर है। अपने वक़्त में आशिक़ाना मिज़ाज रखने वाले हमारे शायर ने न केवल आशिक़ी पर बल्कि जिंदगी के कई पहलुओं पर काफी कुछ लिखा है। तो आईए लुत्फ़ उठाते है इनकी दिलकश शायरी का। |

अनुक्रमणिका

1

हर बूंद को मय्यसर नहीं

बारहा[1] उसी की बाते, और तसव्वुर[2] में खो जाना,
बस इक यही चलता है, अपना तो रोजाना।

काश हमको भी मिले ऐसे दरख़्तों[3] के साए,
तेरी ज़ुल्फ़ों के तले, तेरे ज़ानू[4] पे सो जाना।

अपने तबस्सुम[5] से करते हो रक़ीब[6] के घर को रोशन,
इक बार मेरे हुज़रे[7] से भी हो जाना।

हवा देवें है मेरे हौसँलों को ये तेरे इशारे,
अदा से देखना मुझे और हया से चले जाना।

बीनाई[8] सदा यूँ ना थी अपनी, हुआ यूँ
ग़ौर करना तुम पर और नज़र का खो जाना।

निगाहें मिलाते ही नहीं वो हमसे ये जानकर,
के नज़र को आसाँ है, जिग़र के पार हो जाना।

---

[1] बार बार
[2] ख्याल, सोचना
[3] पेड़
[4] जांघ, गोद
[5] मुस्कुराहट
[6] प्रतिद्वन्दी
[7] झोपड़ी, संत की कुटिया, कक्ष
[8] नज़र

मुनाफ़िक़[9] नहीं है हम, के अपनी रगो में वफ़ा है,
ये आता नहीं हमको, इसका बताके उसका हो जाना।

तुम "अश्क" की बाँहों में नहीं ये किस्मत का खेल है,
हर बूंद को मय्यसर[10] तो नहीं, गुहर[11] हो जान

---

[9] जिसके दिल में कुछ हो और बाहर कुछ हो
[10] आसान
[11] मोती

2

तेरे चंद शिकवे और सही

अहद–ए–रफ्ता[12] दिल जलाने को है,
अभी और भी कुछ भूल जाने को है।

दरहमी–ए–दिल[13] को कैसे रोकू
यहीं जुस्तुजू[14] दिवाने को है।

यूँ ही ख्वाबों के महल बनकर बिखर गए,
क्या और भी कुछ बिगड़ जाने को है।

कफ़स[15] में बेचैन है परिंदा, जाने कब से,
ज़हर ला दो, अगर खाने को है।

हमें इक वही गुल चाहिए,
बेश्क फिर से बहार आने को है।

ना ज़ब्त[16] को देखो मेरे, यूँ अदा दिखा कर,
देखो, और भी तो आज़माने को है।

---

12 बीता हुआ समय
13 दिल की प्रेम अग्नि
14 खोज या इच्छा
15 पिंज़रा
16 सहनशीलता, सब्र

खुदा के वास्ते हमें मुआफ[17] रखो,
यहाँ बहुत से मर्द, दिल लगाने को है।

तेरे चंद शिकवे और सही,
हमसे तो शिकायत जमाने को है।

''अश्क'' को दर्द में, याद करती है दुनिया,
क्या हम महज़, ग़म उठाने को है।

---

[17] माफ

3

पैरहन-ए-दिल हुआ तार-तार

क्या निस्बत[18] है उनका अदू[19] से,
कोई पूछे ये फ़िल्ला[20] खूँ से।

पैरहन–ए–दिल[21] हुआ तार–2 अपना,
काम चलता नहीं अब रफू से।

क्या रोना, सर फोड़ना, संगो–खीस्त[22] से अपना,
दिल पिंघलता नहीं, उनका लहू से।

क्यों पूछे बाइसे[23] बेवफाई तेरी,
हमको मतलब नहीं काहू[24] से।

शर्म आती है दिवानगी पर अपनी,
चाहा था हमीं ने तुमको जुनू से।

प्यार के बदले प्यार मिलता नही यहाँ,
एतबार उठ गया आरजू से।

नाम मोहब्बत मेरे आगे, क्यों लेते हो बारहा,
चैन नही पड़ता क्या, मेरे सुंकू से।

---

[18] रिश्ता, संबंध
[19] दुश्मन
[20] उपदर्वी प्रेमिका
[21] दिल का कपड़ा
[22] पत्थर–ईंट
[23] कारण
[24] किसी

उस फ़ित्ज़ासाज[25] के चेहरे पर मर मिटे,
काश हम ख़त भांप लेते मंज़ूमन[26] से।

आशिक़ी खेल है फक़त संगदिलो का,
तौबा करता है "अश्क" एसी खूं[27] से।

---

[25] साज़िशी, उपद्रव कराने वाला
[26] संक्षिप्त, भाव
[27] आदत

4

ग़र ना बोसा दिजिए

किसका करे तसव्वुर[28], किसे याद करे,
कौन खाना–ए–दिल को अब शाद[29] करते।

दिन गुज़रते नहीं जिंदगी के मानिंद[30],
मौत ग़र आए तो आबाद करे।

कितने मेरे दिल के कातिल गुज़रे,
कौन ज़ालिमों को अब याद करें।

रश्क[31] हुस्न से हमें है, और हो भी क्यों ना,
क्यों गहरे अदू[32] से, इख़्तिलात[33] करे।

बारे[34] इज़्तिराब–ए–इश्क़[35] ग़र कोई पूछे,
वो हम से आकर मुलाकात करें।

ग़र ना बोसा[36] दीजिए, ना गले मिलिए,
चलिए सोईये, क्यों काली रात करें।

किसके दिल में क्या है क्या मालूम,

---

28 याद, ख़्याल
29 प्रसन्न
30 समान, जैसा
31 ईर्ष्या, जलन
32 दुश्मन
33 मेल–जोल, लगाव
34 एक बार, लेकिन, फिर भी
35 प्यार क चिंता
36 चुम्बन, चुमना

कैसे जाने कोई बग़ैर बात करें।

खुदा पाने का फ़ल्सफा[37] ग़र मालूम है,
''अश्क'' से कहने की इल्तिफ़ात[38] करें।

---

[37] ज्ञान
[38] कृपा, दया

5
आपके मिज़ाज में भी

खल्क़[39] से मुख़्तलिफ[40] कुछ अजब चाहिए,
दामाद उन्हें शायद कोई ग़ज़ब चाहिए।

ये खान—दान, ऊँच—नीच, है दिवारे और कंई,
जमाने के बाबत आदमी बे—अदब चाहिए।

फ़क़त[41] बाइस—ए—इश्क़ कोई शरीक—ए—हयात[42] नहीं होता,
शरीक—ए—हयात होने को, और भी सबब[43] चाहिए।

मेरी की ख़ता पर ज़रा खुलकर बोलिए,
हमको न फिर आपका मोहर—ब—लब[44] चाहिए।

आप बुजुर्ग है, और जो कहो जायज है, फिर भी,
कुछ तो आपके मिज़ाज में भी, अदब चाहिए।

प्यार के दो बोल काफी है सर झुकाने को,
कौन कहता है सज्दे[45] को मज़हब चाहिए।

---

[39] संसार, दुनिया के लोग
[40] पृथक, भाँति
[41] केवल, सिफ
[42] पति, पत्नी
[43] कारण, वजह
[44] मौन धारण किए हुए
[45] सर झुकाना

हया से अर्ज़ है दोनो का हाले दिल,
तिश्ना—मोहब्बत[46] के वासते तिश्ना—लब[47] चाहिए।

ये वो नहीं दो घड़ी सुना दू कि यूँ
हाले ''अश्क'' कहने को पूरी शब[48] चाहिए।

---

[46] प्यासी मोहब्बत
[47] प्यासे होंठ
[48] रात

6

ख़ाक बुजुर्गों की पाशना के हम

सबको मिलता नहीं ग़म जुदाई का,
आशना[49] है दिवाना तेरी परछाई का।

पत्थरों के सीने से भी निकले है दरिया,
समां होता है यूँ विदाई का।

दिल—ए—नाजुक[50] को छिपाए फिरते है जनाब,
चलन है खूब बेवफाई का।

अपनी जेब में सुराख है अक्सर,
और महंगा है कंगना तेरी कलाई का।

पशेमाँ[51] तेरे आस्ताँ[52] पर बारहा[53],
अदब रखते नहीं जमाई का।

ज़ख्म देकर ज़ालिम कुरेदे है हर सूं
असर देखे हम भी दुहाई[54] का।

हैरत है के ग़ैरत[55] से रहना मुश्किल हुआ,
इंसां को नहीं डर खुदाई का।
जी में आए जला कर राख सब कर दूं

---

[49] जानकार, यार
[50] नाज़ुक दिल
[51] शर्मिंदा
[52] देहलीज़, चौखट
[53] बार—2
[54] सहायता के लिए पुकार
[55] आत्म—सम्मान, शर्म

घूँट पीते है रोज समाई का।

फाटे में किसी के हम टाँग रखते नहीं,
नहीं करते शिकवा बेअदाई का।

खाक़ बुजुर्गों की पाशाना[56] के हम,
''अश्क'' सबब[57] है रूसवाई का।

---

[56] ऐड़ी
[57] कारण

7
अपनी ख़ता क्या है

खुदा जाने हुआ क्या है,
इन बातों की आखिर वजह क्या है।

पहर–दर–पहर है उनका ही इंतजार,
या खुदा ये माज़रा क्या है।

करके रुखे–रौशन का नज़ारा पड़ा हूँ धुन में,
अब ये ना पूछें हमको मिला क्या है।

मेरे देखे से जो नज़र फेरे,
बे–अदाई है ये तो अदा क्या है।

लाल–ओ–गुहर[58] मेरे घर हो तेरे ज़ानु[59] पे सर हो,
और खुदा अपनी रज़ा क्या है।

गुफ़्तुगू[60] ग़ैर से करते हो सरे–राह,
आगे फित्ना[61] तेरी जफ़ा क्या है।

---

[58] लाल–मोती
[59] जांघ
[60] बातचीत
[61] उपद्रवी

दिलों जां तुम्हे दे बैठे,
इसमें अपनी ख़ता क्या है।

मौत ग़र आए तेरी आग़ोश[62] में काफ़िर,
फिर जिंदगी से हमको गिला क्या है।

उतरता ही नहीं तेरे इश्क़ का सुरूर,
''अश्क'' कम्बख़्त फिर नशा क्या है।

---

[62] गोद, आलिंगन, नज़दीक

8
क्या ये मुसावात हुई

शब—ए—हिज़[63] में ये क्या बात हुई,
तेरी तस्वीर पर बरसात हुई।

करवटे बदलते रहे हम यूं ही,
और बस यूं ही तमाम रात हुई।

दिल रूक सा गया पर ख्याल चलते रहे,
अजब दिवानगी सी ईजाद[64] हुई।

तमाम गहने तन से लगे पर मैं नहीं,
तुम ही कहो, क्या ये मुसावात[65] हुई।

चश्मेतर[66] नींद को तरसते रहे रात भर,
ना ख़्वाब ही में मुलाकात हुई।

तेरे प्यार पर इख़्तियार[67] है मेरे गरचे[68],
लेक[69] ना हक मिला ना ख़ैरात हुई।

---

63 विरह रात्रि
64 अविष्कार
65 समानता
66 आंसुओं से भरी आँखें
67 काबू
68 यद्यपि, हालाँकि
69 परंतु

सुबह उठकर सिरहाने सुखा आया,
ता–सहर[70] अश्क़–बारी[71] की सौगात हुई।

बे–अदाई[72] थी ''अश्क'' उनका ना आना,
वापस मेरे अरमानों की बारात हुई।

---

[70] सुबह तक
[71] आँसुओं की बरसात
[72] नाराज़गी

9
जियाँ इश्क़ में

दो घड़ी मेरे हाल पर रो कर चले जाओ,
अ—अब्र[73] मेरे घर से होकर चले जाओ।

सब्र होता नहीं अब्र तेरे आने तक,
सब्र की कोई शय[74] देकर चले जाओ।

ना उम्मीद की उम्मीद हुई तेरे आने से,
इक टूक ज़रा ठहरो फिर चले जाओ।

जबाँ किसकी रूकी है रोके से कभी,
तुम्हारे जी में जो है कहकर चले जाओ।

तेरी बदज़बानी[75] की शीरीं[76] के है तश्नालब[77],
हमे भला बुरा ही कहकर चले जाओ।

शिकवे बेवफाई के ज़फा—केश[78] से ना कर,
ता उम्र अहद—ए—वफ़ा[79] कर के चले जाओ।

---

[73] बादल
[74] चीज़
[75] गंदी भाषा
[76] मिठास, मधुर
[77] प्यासे होंठ
[78] बहुत बड़ा अत्याचारी
[79] वादा पूरा करना

खोना दिल का ग़र सानेहा[80] था कोई,
जियाँ[81] इश्क़ में सहकर चले जाओ।

''अश्क'' ग़र मक़्दूर[82] है तेरा बहना,
यार के रुख़सार[83] पर बहकर चले जाओ।

---

[80] हादसा
[81] नुकसान
[82] सामर्थ्य, वश, क़ाबू
[83] चेहरा, गाल

10

जमीं का आसमाँ हो जाना

ज़ाहिर सी है बात तुमको गुमां हो जाना,
आता है हमको मोहब्बत में फ़ना[84] हो जाना।

मैं आशिक गरीब तेरा तू महलों की रानी,
आसां नहीं जमीं का आसमाँ हो जाना।

दिवानगी—ए—हाल[85] अपनी अंधेरों से पूछो,
बैठे तेरे ख़्याल में और सुबह हो जाना।

वो दोस्तों के हुजूम[86] पर अब कहाँ जालिम,
हो जिक्र तेरा जहाँ यारों का जमा हो जाना।

उठते है करोड़ो हाथ खातिर दुआ के,
जरूरी नहीं कुबूल सब की दुआ हो जाना।

दिल जो था सो तुम्हें दे बैठे,
ये बात और है किसी और का हम—नवा[87] हो जाना।

गमें इश्क है जहाँ वहाँ ख़स्ता—हाली[88] भी,
मिले तनख्वाह ओर और ग़मज़दा[89] हो जाना।

---

[84] मिटना
[85] दिवानो जैसा हाल
[86] भीड़, जन—समुह
[87] एक मत, साथी
[88] निर्धन होना
[89] शोकग्रस्त, दुखिया

गिरते है लोग रोज खुद अपने ज़मीर से,
रूह का तन से निकलना नहीं कज़ा[90] हो जाना।

बेदिल[91] ना हो "अश्क" वो दुश्मन नहीं तेरे,
हसीनाओं की अदा में है खफ़ा हो जाना।

---

[90] मौत
[91] उदास

11

हो सुख़न किस तरहा

ऐसे संगदिल[92] को दिल से लगाऊं मैं किस तरहा,
रोते है हम जब भी वो हसँता है किस तरह।

मेरी ज़रा सी बात पर होते है यूँ खफा,
ए दिल—नशीं[93] फिर तुमसे हो सुख़न[94] किस तरहा।

हैरत में हूँ उस काफ़िर की चाल देख कर,
रखे है ज़ालिम पांओ को उठाकर ये किस तरहा।

ए—परी—वश[95] ये तेरी नुरानी सी अदा,
दुपट्टा उठाए ख़ातिर तू झुकता है किस तरहा।

तेरे चेहरे पर गिरी जुल्फे दुश्मन है मेरी,
हाए ये मजबुरियाँ मैं हटाऊ किस तरहा।

बाते करे है हसँकर पलके झपकते हुए,
खिली रूखसार पर उनके ये कलियाँ किस तरहा।

---

[92] पत्थर दिल
[93] जो दिल में बैठा हो
[94] बात—चीत
[95] परी जैसी सुंदर

''अश्क'' ये परीचेहरे[96] इंसा के लिए नहीं,

हाए पर इस दिल को मैं समझाऊँ किस तरहा।

---

[96] परी सा चेहरा

12
वो नरम दिल नहीं

ख़बर हुई उनके आने की,
बंधी आस कुछ दिवाने की।

ये नामा[97] कहीं झूठ तो नहीं,
बने वज्अ मेरे जान के जाने की।

वो नम्रदिल नहीं के मेरे मरने पे रो दे,
कुछ और बात है अश्क़ बहाने की।

ये जो निशां है ज़ख्म के मेरे सीने पर,
तफ़तीश करले कोई उनके निशाने की।

वो छुपकर हमें, यूँ तो देखता भी है,
जंबा बहक गई पर ये बात नहीं थी बताने की।

हमारे सामने ग़ैरो से गुफ़्तुगू[98] करना,
तरक़ीब अच्छी है दिल जलाने की।

तेरी गलियों की खाक़ इश्क़ में छानी,
खूब दुश्मनी सही ज़माने की।

''अश्क'' सोहबते–रिन्दा[99] से है रहते परे–परे,
ना हो के फिर कहीं याद आए मयख़ाने की।

---

[99] शराबियों का साथ

13

फ़रागत इश्क़ से

बेबुनियाद सा है परी—चेहरो[100] का सहारा,
हसीनों से अक्सर हम करते है किनारा।

दिलों के लेन—देन में है ख़तरे बहुत,
के दिल है हमें जान से भी प्यारा।

ग़र मीठास है इसमें तो है ज़हर भी,
इसने अहसासों को कुचला और अरमानों को मारा।

फ़रागत[101] इश्क़ से सो अच्छा हुआ वरना,
कातिल का मकान देख जबीं[102] झुकता था हमारा।

ये झूठ के आंसू ये मतलब की दुनिया,
यहाँ किसने किसको कब बेवज़ह पुकारा।

लोग पूछते है ''अश्क'' बेदिली[103] के सबब[104],
लगता है आज दिल उदास है तुम्हारा।

---

100 परी सा चेहरा
101 मुक्ति, छूट
102 माथा
103 उदासी
104 कारण

14
मेरी मईयत पे रौनक

दाग दिल का तेरे हुस्न से बेहतर निकला,
खून–ए–दिल तेरे सिंदूर से बेहतर निकला।

रिस्ता था खून दिल के ज़ख्म से अब तक,
दिल का लहू अब आँख से होकर निकला।

बताए राज़ सभी तूने रक़ीब[105] से मेरे,
ऐसे दोस्त से दुश्मन बेहतर निकला।

तेरे हर गुनाह पर पर्दा किया हमने,
हर बार तेरी आस्तीन[106] से खंजर निकला।

नाकाफ़ी नहीं मेरी मय्यत[107] पे रौनक,
मेरा जनाज़ा तेरी बारात से बेहतर निकला।

क्या मिसाल दूँ तुझको तेरी जफ़ा की,
तेरा हर वार नागिन से बेहतर निकला।

---

105 प्रतिद्वंदी
106 कुर्ते या कमीज की बाजू के आगे का भाग
107 मृतक, लाश

देखे जो ढ़ोंग तेरे मोहब्बत में हमनें,
तमाशा—गर इससे बेहतर निकला।

चमन में तेरे फैली रहे विरानियाँ,
शमसान तेरे गुलशन से बेहतर निकला।

उसका हर रंग उसके आगे आए खुदा,
''अश्क'' तेरे मुहँ से हर्फ[108] क्या बेहतर निकला।

---

[108] अक्षर, अल्फ़ाज़

15
चलते है इस ठसक से

बेचैन हूँ इधर जाऊँ या उधर को जाऊँ मैं,
वजह गुफ़्तुगू की उनसे किधर से लाऊं मैं।

समझते नहीं है वो दिल की बेकली[109] या रब,
वजह—ए—जा[110] कुछ ठहर सा जाऊं मैं।

वो बेखबर से बनते है अपने बीमार से,
चलते है इस ठसक से के मर जाऊं मैं।

जुल्म है हमपर ये बे—रूखी[111] तेरी,
तू ही बता अब तुझको कैसे मनाऊं मैं।

तेरे प्यार का प्यासा है एक अरसे से दिल,
इस कद्र बरस के बस भीग जांऊ मैं।

साक़ी इस मय के है चाहने वाले बहुत,
कतार में हूँ कोई हटे तो मुँह को लगाऊ मैं।

परस्तिश[112] भी की और रोज़े भी किए,
देखूँ तेरा आस्ताँ[113] तो सर को झुकाऊँ मैं।

---

109 बेचैन होने की अवस्था
110 जगह की वज़ह से
111 नाराज़
112 पूजा
113 चौखट, देहलीज

होता नहीं दिल जुदा तेरे ख़्याल से,
इक टूक चैन मिले, ग़र भूल जाऊँ मैं।

दीवाना हमसा नहीं जहाँ में कोई,
ग़र हो कोई तो ढूंढ़ कर लाऊं मैं।

हरकते बुतां[114] न ठीक जानिए ''अश्क'',
काम-ए-दिल[115] न हो, तो आँखें दिखाऊँ मैं।

---

114 माशूक, हसीना
115 दिल का मुददा

16

ये आज़ार-ए-महोब्बत

कभी मेहरबां सा मेरे आगे आया,
कभी दुश्मन सा मेरे आगे आया।

जितने पेंच है तेरी फितरत[116] में सनम,
तेरा हर रंग मेरे आगे आया।

कौन पिए कमबख्त शीशा—ए—मय[117],
खून—ए—दिल[118] मेरा जब तेरे आगे आया।

छुपाई बहुत तूने आसतीन अपनी,
जब शीशा—ए—दिल[119] मेरा तेरे आगे आया।

इबरत[120] है ये आज़ार—ए—मोहब्बत[121],
अंजामें महोब्बत मेरे आगे आया।

हाय ये खूँ[122] ये माशूक—फरेबी[123] अपनी,
मेरा अपना राज़ मेरे आगे आया।

फिर दबी सी राख को उसने हवा दी,
फिर बेतुकी सी बात हो मेरे आगे लाए।

---

116 आदत
117 शराब
118 दिल का खून
119 शीशे जैसा कोमल दिल
120 शिक्षाप्रद
121 मोहब्बत के दुख
122 आदत
123 प्रेमिका को धोखा देना

इक रौ से चले थे कूचां-ए-यार[124] छोड़कर,
फिर बुते काफिर[125] मेरे आगे आया।

ढ़ली शाम और तसव्वुर[126] में है ''अश्क'',
या अल्लाह ये क्या-2 मेरे आगे आया।

---

[124] यार की गली
[125] एक अविश्वासी प्रेमिका
[126] ख़्याल

17

देकर कसम अपनी

वस्ल[127] की कहते हो जवाल[128] करते हो,
आप तो वाक़ई कमाल करते हो।

फुर्सते–हस्ती[129] ओर ये वामांदगी[130],
आप यूँ ही मलाल करते हो।

या रब बेबस हूँ मैं काफ़िर तो नहीं,
क्यों देकर कसम अपनी मुहाल करते हो।

मुश्किल–ए–रोज़गार[131] से फुर्सत कहाँ,
उधर आप सवाल करते हो।

बारहा[132] फोन करके पुछते हो के कब,
खुदा दिल–ए–नाजुक को हलाल करते हो।

कौन करता है ''अश्क'' का तसव्वुर इतना,
शुक्रिया जो आप ख़्याल करते हो।

---

127 मिलन
128 आफत
129 जिंदगी में अवकाश
130 मजबूरियाँ
131 रोज़गार के कष्ट
132 बार–2

फिर ये मिज्गां–ए–इशारत[133] रकीब से।
हम पुछे तो बवाल करते हो।

वफा–ए–''अश्क'' पर शक ना करो इल्तिफ़ात[134],
क्यों कहते हो औरों से विसाल[135] करते हो।

---

[133] पलकों से इशारा करना
[134] कृपा, दया
[135] प्रेमी / प्रेमिका का मिलन

18
दिल को बाँधों जंज़ीर से

हयात–ए–इंसा[136] नहीं जुदा तक़्सीर[137] से,
गिरते नहीं है फिर भी हम अपने ज़मीर से ।

वो ना समझे है ना समझेगें हमें हैफ,
हम जानते है उन्हे बड़े ही करीब से ।

मेरी हस्ती[138] ना देख मेरी जेब से रकीब,
रूतबे में मैं कमतर[139] नहीं खुर्शीद[140] से ।

इन दौलत के अमीरों को मुँह क्या लगाना,
करते नहीं है यारी दिल के गरीब से ।

तदबीर[141] के बिना जब तकदीर नहीं बनती,
फिर क्योंकर करू मैं शिकवे तकदीर से ।

मेरे पैर से बांधी है कबां[142] रस्मों जहां की,
यूँ है तो फिर दिल को बांधो जंज़ीर से ।

वो फुटकर रोया मेरी लाश से लिपटकर,
कत्ल हुए थे हम जिसकी शमशीर[143] से ।

---

136 आदमी की जिंदगी
137 भूल, गल्ती
138 जिंदगी
139 कम होना
140 सूरज
141 साधन, प्रयास, उपाय
142 एक प्रकार की डोरी
143 तलवार

बहुत है सुख़न—वर[144] है जिनका सुख़न[145] अच्छा,
अपने को तवक़्क़ो[146] बस ग़ालिब और मीर से।

अबस[147] नहीं है ''अश्क'' ये फ़कीरी[148] तेरी,
डरते नहीं हो ज़रा भी वाक़ई वज़ीर[149] से।

---

144 शाइर
145 शायरी
146 इच्छा, भरोसा
147 बेकार, व्यर्थ
148 सादापन, साधुता, सादगी
149 मंत्री, सचिव

19

हमारी गली से

फिराक़–ए–यार[150] हम पर सख़्त गुजरता है,
करके सुख़न फिर अपना वक्त गुजरता है।

तेरा इन्तज़ार इतना सहल नहीं सनम,
आँख से होकर अपना रक्त गुज़रता है।

आवारगी–अ–यार अपनी क्या सुनिए,
अपने हर कदम से इक दश्त[151] गुज़रता है।

अपना तो यूँ है किसी जा सिज्दा[152] नहीं करते,
झुकता है जंबी[153] जब वो मस्त गुजरता है।

लानत ऐसे ताज पर बेशुमार हो खुदा,
किसी के लहू से ग़र जो तख़्त गुज़रता है।

गए वो दिन गुमां करती थी लड़कियाँ,
कि हमारी गली से होकर "अश्क" गुज़रता है।

---

150 जुदाई, महबूब से दूरी
151 जंगल, मरूस्थल, बयाबान
152 सर झूकाना
153 माथा

20
ग़ालिब और मीर चला

पलकों के तरकश में जो है तीर चला,
जख्मों से छाती भरी पर तू शमशीर चला।

नज़र हटाए न हटे और मिलाए न बने,
तेरी तमन्ना लिए इस दर से फ़क़ीर चला।

देखे सितमगर यार की अबरू[154] की धार भी,
हथेली पर लिए जान, मोहब्बत में वीर चला।

आए जहाँ में हम को लेकर हयात आई,
तमाम जिंदगी इंसा करके तदबीर[155] चला।

इक़ामत[156] नही जहां में किसी की भी हस्ती,
राजा गए रंक गए ग़ालिब और मीर चला।

इक रौ से चलते थे सिपाही बादशाह के आगे,
बाद–ए–मर्ग–ए–शहंशाह[157] थका सा वज़ीर चला।

---

154 भौं, भवें
155 साधन, प्रयास, उपाय
156 पड़ाव, सदा किसी स्थान पर रहना
157 राजा की मौत के बाद

सुनता नही है जहाँ में कोई किसी की ''अश्क'',
वरना क्या ना कहकर जहां से कबीर चला।

21

शीशा-गरों को मुमकिन कहाँ

मुबारक दूँ या इल्जाम दूँ
बता तुझे मैं क्या नाम दूँ।

शीशा–गरों[158] को मुमकिन कहाँ,
दिलो को जोड़ने का ग़र काम दूँ।

तेरी बांहो में दिल करता है यूँ के,
मक़्दूर[159] हूँ तो वक़्त को थाम दूँ।

अपनो से जाना वाजिब[160] नहीं हज़र[161],
दिल क्या चीज़ हैं कहो तो जान दूँ।

बिन पियो के साथ कोई बैठता नहीं,
कोई बैठे दो घड़ी तो इनाम दूँ।

''अश्क'' यूँ उसने अपनी इज्जत उतार दी,
नहीं पीते मय तो क्या ख़ाली जाम दूँ।

---

158 काँच को बनाने वाला
159 काबू, वश
160 उचित, आवश्यक
161 बचाव, इंकार, ड़र

22
चीज़ है काम की

जरूरत हमको नहीं जाम की,
जीते है जिन्दगी ऐशों आराम की।

खुदा के करम[162] से है रोज़गार मिला,
नौकरी करते है सुबह शाम की।

अपनी हसरते तनख़्वा से बड़ी नहीं,
ब–सबब[163] नहीं खाते हराम की।

तेरी करम–बख़्शी[164] से हम चलते रहे खुदा,
यूँ ही हमने जिंदगी तमाम की।

जुल्फ़–ए–यार मेरे शाने[165] से लिपटी रही यूँ ही,
उसके पहलू में हमने शाम की।

जो ना उलझा वो उलझ जाए तो बेहतर,
मोहब्बत वाक़ई चीज़ है काम की।

---

162 कृपा
163 कारण से
164 कृपा, दया, मेहरबानी
165 कंधा

जो होना है होकर रहेगा,
कहाँ परवाह अन्ज़ाम की।

मारकर हमें दुश्मन सोते है हजार बार,
''अश्क'' खुदा ने उनकी हर कोशिश नाकाम की।

23

चले जाएगें यूँ ही कभी

गई उम्र भ्रम को ढ़ोते—2,
थक गए अब तो गुनाह बोते—2।

इक ख़लिश[166] सी है तेरे नाम की दिल में,
जमीं रह गई आसमां की होते—2।

रोते आए थे दुनिया में कभी यूँ ही,
चले जाएगें यूँ ही कभी सोते—2।

शब—ए—हिज्र[167] कभी तो खत्म होगी जरूर,
सूजी निगाहे खुदा अपनी रोते—2।

मोहब्बत का सिला तेरा दीदार तो हो,
जन्म लाखों हुए हमें खोते—2।

तेरे करम से ए—खुदा निखरेगा ''अश्क'' भी,
हमें तो अरसा हुआ दाग़—ए—गुनाह[168] धोते—2।

---

[166] टीस, चुभन, कसक
[167] विरह की रात
[168] गुनाह के दाग

24

मेहरबानी होती

इश्क़—ए—वरक[169] पर कोई कहानी होती,
काश कोई अपनी भी दिवानी होती।

उसके पहलु में पहरों बिताते,
कितनी आसां ये जिंदगानी होती।

मेरे बिन कहे मेरा दर्द जान लेती,
चोट हमको न फिर दिखानी होती।

अपने को सरोकार[170] साक़ी से है फिर भी,
तुम मिलते तो मेहरबानी होती।

चाल—चलन ठीक है अपना फिर भी उनसे,
कुछ तो बातें हमकों भी छुपानी होती।

''अश्क'' उसकी आग़ोश[171] में ग़र दम निकले,
फिर क्यों बुरी मर्ग—नागहानि[172] होती।

---

169 इश्क़ का पेज
170 मतलब, लगाव
171 गोद, बाँहो में भरना
172 मौत

25
अश्क़ ने फिर तौबा की

रोए हम और दिल ने आवाज़ दी,
के तेरे घर में रूसवा हुए हम आज भी।

बारहा[173] तुम्हें लेने को आना पड़ा,
भले हुआ हमें ऐतराज भी।

उठे जहन में शिकवे खुब मगर कहाँ पूछा,
रहे इज्ज़त के ख़ातिर हम नाराज़ भी।

ख़ातिर तव्वज़ो की इन्हें तहज़ीब[174] कहाँ,
के रखते नहीं मेरा लिहाज़[175] भी।

बे–अदब[176] छोटे ही नहीं ब–दस्तूर[177],
बदमिज़ाजी[178] मे शामिल है उम्र–ए–दराज़[179] भी।

फिर रिश्ते से पहले वो आपका कहना,
समधी जी आप रखोंगें हमें याद भी।

---

173 बार–बार
174 तमीज
175 आदर, सम्मान
176 असभ्य, गुस्ताख
177 उसी प्रकार से, यथागत
178 बुरा स्वभाव, चिड़चिड़ापन
179 वृद्ध

एक तो करेला और नीम चढ़ा,
के ससुराल अपनी है दूर—दराज[180] भी।

बुराई लाख हो उनमें फिर भी एक खुबी है,
हमें कहे है अपना सरताज[181] भी।

तुम्हारी ख़ातिर ता—उम्र[182] यां आना पड़ेगा,
हो तुम्ही हमसफर, हमज़बाँ [183], हमराज़ भी।

दुनिया की सुन ''अश्क'' ने फिर तौबा की,
है शुक्र वो करते नहीं खुराफ़ात[184] भी।

---

[180] बहुत दूर, उलझा हुआ, पेचीदा
[181] शिरोमणि, सिर पर पहनने का ताज
[182] उम्र—भर, आजीवन
[183] दोस्त, एक मत
[184] बकवास, बेकार की बात

26
आसमान कहाँ मिलते है

मियां आप जैसे विद्वान कहाँ मिलते है,
हसँतें–मुस्कुराते इंसान कहाँ मिलते है।

घुट–घुट कर मर जाते है चंद परिंदे यूँ ही,
पंख फैलाने को आसमान कहाँ मिलते है।

ग़र फुर्सत मिले तो खुद ही में झांक लेना,
इन पत्थरों में भगवान कहाँ मिलते है।

वो कहता है क्यों सोए थे सड़कों के किनारो पर,
रहने को सबकों मकान कहाँ मिलते है।

न छिनों जालिमों दो वक़्त की रोटी मज़लूम[185] से,
पेट भरने को इन्हें पकवान कहाँ मिलते है।

क़त्ल, जुल्म, दरिंदगी सब जायज़[186] है इन पर,
ज़ोर–आज़माई[187] को ये बेज़बान[188] कहाँ मिलते है।

---

[185] सताया हुआ, पीड़ित
[186] उचित, सही
[187] ताकत दिखाना
[188] मजबूर, प्रताड़ित

लुक–छुप कर खिला रहें अब इश्क़ की कलियाँ,
तक़ाज़ा–ए–उम्र[189] अब खुलेआम कहाँ मिलते है।

---

[189] उम्र की मांग, उम्र के लिहाज़ से कोई काम करना

27

रोते चेहरे पर हँसी ला दो

वक़्त आया सो तमाम होता है,
रात और दिन का बस नाम होता है।

हर ज़िन्दगी मर—मर कर जी रही,
नाम मौत को बदनाम होता है।

किसी के रोते चेहरे पर हँसी ला दो,
इसके आगे भी क्या कलाम[190] होता है।

क़त्ल इश्क़ में निगाहो ने जो किया,
उसका दिल पर इल्ज़ाम होता है।

अपनी आँखों को लफ्जों की हवा दो,
इश्क़ तो फिर खुलेआम होता है।

इश्क कहीं, इशारे कहीं गुफ़्तुगू[191] कहीं,
ऐसा प्यार तो फिर हराम[192] होता है।

---

190 शाएरी, कथन, वाणी
191 बातचीत
192 नापाक, अपवित्र

हो काग़ज़ उधार का और कलम बिकी हुई,
''अश्क'' वो शायर तो गुलाम होता है।

28
दर्द क्या मालूम

ये झूके से सर ये दबी आवाज़ क्यों है,
मेरे रोने पर भी उन्हें एतिराज़[193] क्यों है।

ये जिंदगी कभी मौत से बेहतर न हो सकी,
ऐसी जिंदगी पर तुम्हें नाज़[194] क्यों है।

जो सिसकियाँ बाँटते है उन्हें दर्द क्या मालूम,
ऐसे लोगों के सरों पर ताज क्यों है।

दबे है लोग सदियों से दबे रहने दो क्या है,
जो कल था जैसा वही आज क्यों है।

क्यों सिसकती कलियों की लूटी आबरू[195] नहीं दिखती,
इतना बे—ग़ैरत[196] ये समाज क्यों है।

चंद दानों के ख़ातिर उसने जिंदगी गंवा दी,
या खुदा इतना महँगा अनाज क्यों है।

---

[193] आपत्ति, विरोध, इंकार
[194] गर्व, नख़रा
[195] लाज, इज़्ज़त
[196] सम्मानहीन, निर्लज्ज

ये जात-पात, ऊँच-नीच, ये धर्म की रस्में,
रिवाज़ है ग़र ''अश्क'' तो ये रिवाज़197 क्यों है।

51

---

197 चलन, प्रथा, परंपरा

29
बीत रहे बर-ख़ूरदार

निगाहों से अफ़साने[198] बयां हुआ करते,
मेरी जाँ हम भी जवाँ हुआ करते।

तंज कसते हो मेरे झड़े बालों को लेकर,
इन ही जुल्फों पर कभी हसीं फ़ना[199] हुआ करते।

जिक्र आशिक़ी का यूं ना करो हमसे,
अरे इसके तो हम उस्ताद हुआ करते।

जो परी–चहरे[200] ना हासिल बाद–ए–सई[201] तुम्हे,
रोते थे ऐसे हमसे जुदा हुआ करते।

खुदा को जान देनी है यारब झुठ न बुलाए,
हम तो हसिनों की दुआ हुआ करते।

बने फिरते है जो खाँ आज शहर में,
अपने आगे सब हवा हुआ करते है।

---

198 किस्सा, कहानी, कथा
199 मौत, नष्ट, विनाश
200 परियों सा चेहरा
201 प्रयास के बाद

मुनासिब[202] नहीं वक़्त का सदा एक–सा रहना,
उसके आगे अच्छे–2 झुका करते है।

दिन जवानी के चार थे सौ बीत रहे बर–ख़ूरदार[203],
''अश्क'' इन बातों से नहीं ख़फा हुआ करते।

---

[202] उचित
[203] बेटा, छोटो को संबोधन का शब्द

30
इस काबिल न था

अपने इख़्तियार[204] में कभी दिल न था,
वग़रना[205] वफ़ा निभाना मुश्किल न था।

बंदिशों ने मोहब्बत को जलाया वरना,
मेरा सनम यूँ संगदिल[206] न था।

मैं इश्क़ में लहरों सा बहता चला गया,
हमें रोक ले कोई साहिल न था।

तेरी आँखो ने ब्यान जो कुछ किया,
पढ़ गया जमाना, जाहिल न था।

वो हर चोट पर उभरता रहा हम पर,
सहता रहा मैं कोई बुज़दिल न था।

अपने खीसे[207] में तेरी याद लिए बैठे है,
यारो पहले मैं यूँ तंगदिल[208] न था।

---

204 अधिकार, वश
205 वरना
206 पत्थर दिल, ज़ालिम
207 जेब, थैली, बटुआ
208 कंजूस, छोटे दिल का

किस मकाम पर ला खड़ा किया तूने,
मेरे मालिक मैं इस काबिल न था।

होगा वही जो खुदा ने चाहा,
''अश्क'' तेरे रोने से कुछ हासिल न था।

31
मुफ़लिसी पर मायूस नहीं

तेरा लिया नाम और लेकर शर्मा गए,
खुदा देख हम दुनिया से पीछे आ गए।

जरिया–ए–आमदनी[209] फिर बरकत क्यों नहीं,
देख मेरी आँखो में आँसु आ गए।

हर चोर–लुटेरे है लाखोपति यहाँ,
हम ईमानदारी करके पछता गए।

बेईमानी, बद–मिज़ाजी[210], बद–लिहाज़ी[211] फल रही,
मेरे आगे वे अपनी ड़ींगे बगार गए।

फ़क़्त[212] मुफ़लिसी[213] पर मायूस नहीं मैं मेरे खुदा,
है यूँ के मुझे तेरा बंदा बता गए।

हैरान हूँ क्या तुझसे भी हुआ कोई बड़ा,
बुरा करने वाले अपनी अब तक चला गए।

---

209 कमाई का साधन
210 चिड़चिड़ापन, बुरा स्वभाव
211 निर्लज्ज, जिसे किसी का लिहाज़ न हो
212 केवल, मात्र
213 कंगाली, गरीबी

नेक नियती से होगा हर काम आसां,
ये कह हमें बुजुर्ग भ्रमा गए।

बुरे वक़्त के लिए हम पर कुछ भी नहीं,
ये सोच हम वाकई घबरा गए।

ना कहना मेरे हालात खुदा के वास्ते किसी से,
''अश्क'' पहले ही कहकर पछता गए।

32

बंदा नहीं है ख़राब कोई

जहाँ में ना हो ऐसा हिजाब[214] कोई,

उलझने दिल है बंद किताब कोई।

मैं जुगनुओं से नहीं बहलने वाला,

दिल को रौशन करे महताब[215] कोई।

तेरे रूख़्सार[216] की ताब[217] सहना सहल[218] नहीं,

क्यों करे उसे बेनकाब कोई।

जिस मय का नशा ता—उम्र[219] ना उतरे,

ज़रा लादे मुझे ऐसी शराब कोई।

बहुत ढूंढ़ा उनसा जहाँ में मगर,

नहीं मिला ऐसा शबाब[220] कोई।

---

214 लाज, ओट, नकाब
215 चाँद
216 चेहरा, गाल
217 चमक, रोशनी
218 आसान
219 जीवन भर
220 यौवन, उठती जवानी

तुम्हारे अपने ख़यालात[221] है तो क्या करें,
वरना ''अश्क'' बंदा नहीं है ख़राब कोई।

59

---

[221] विचार, भाव

33
जी आप कहाँ से

हम पर उसको हो एतबार कहाँ से,
मान लिया हमने इस प्यार कहाँ से।

गहरे तक मैं बिखर गया उसके सवाल पर,
जब पूछा हमसे, जी आप कहाँ से।

एक तरफा प्यार की कोई लय नहीं है,
ताम, तबुंरा अपना उठाओ यहाँ से।

अपनी हालत पर कुछ ख़्याल आ गया,
ज़रा कागज़—कलम उठा लाओ वहां से।

तेरी याद में खोए रहे अब तक,
ना यकीन हो तो पूछ लो जहाँ से।

इस प्यार के बदले हमको मिला कुछ भी नहीं,
एतबार अपना उठ गया वफ़ा से।

जिनके गम में हमने जवानी गुज़ार दी,
वो लगते है हमको अब भी जवां से।

ग़ौरतलब[222] है के जब से ग़ौर से देखा उन्हे,
वो ख़ामख़ाँ हुए जाते है ख़फा से।

दो दिन की दिल–लगी[223] सही, इश्क़ नहीं,
कुछ तो बोलो अपनी ज़बां[224] से।

इक नज़र जरा इधर भी ए–नाज़नी,
क़त्ल हम भी हुए थे तेरी अदा से।

वज़ह खुदकुशी की उसकी हमसे पूछो,
इश्क़ में आशिक़ मरते है ज़फा से।

दरमियाँ[225] हमारे कुछ था ही नहीं फिर क्या रोना,
''अश्क'' आँखों में तुम फिर आए कहाँ से।

---

222 जिस पर विचार किया जाए
223 मजाक, साधारण बात
224 भाषा, जीभ, बोली
225 बीच में

34

खुद ही में मिलेंगे लाज़िम

ना आँखो में सपने संजो कर आईए,
ना सांसो की माला पिरो कर आईए।

खुदा खुद ही में मिलेगें लाज़िम[226],
पहले खुदी को खोकर आईए।

तड़प जुदाई की अभी उस कद्र नहीं,
उसके इश्क़ में ज़रा रो कर आईए।

बेचैन निगाहे अभी थकान से भरी है,
उसकी इबादत[227] में गहरे सो कर आईए।

गर्द[228] गुनाहों की इस कद्र के ब—मुश्किल[229],
दिखे सुरत गुनाहा धो कर आईए।

तेरी रहमत[230] के बिना ''अश्क'' कुछ भी नहीं,
खुदा अपने कदमों में मेरी लो लगाईए।

---

226 आवश्यक, उचित
227 पूजा
228 धूल, गरदा, राख
229 बहुत दिक़्कत स
230 कृपा, दया

35
तुम्हारी ही सूरत

मोहब्बत पर अपनी हक़दारी नहीं,
जान ग़म–ए–दिल[231] से बढ़कर हमें प्यारी नहीं।

न दवा लगे न दुआ किसी की,
इश्क़ से बड़ी कोई बिमारी नहीं।

सुबह–शाम बस तुम्हारी ही सूरत,
इसके आगे कोई खुमारी[232] नहीं।

तेरा सुरूर[233] के आईने में भी अब तो,
दिखे तू सूरत हमारी नहीं।

तीर निगाहों से चला ओर निशाने पर लगा,
गलती इसमें कोई हमारी नहीं।

तेरी वफ़ा तेरा इमान तू जाने,
हमने तुमसे की गद्दारी नहीं।

---

231 दिल का दर्द
232 नशा, मस्ती
233 खुशी, हल्का नशा

बेबस[234] सा नज़र आता है ख़ुद का वजूद,
पर दिल की बाज़ी हमने अभी हारी नहीं।

पर इतना भी नहीं के सब कुछ गवाँ दूं
''अश्क'' आशिक़ है कोई जुआरी नहीं।

---

[234] लाचार, विवश

36
हमको बुरा कहे है

अपनी हंसी एक शाम दे दो,
जानकर अपना गुलाम दे दो।

तरसते है निगाहों से पीनें को,
मय के छलकते ये जाम दे दो।

तेरे इंतज़ार में बैठा है फ़कीर कोई,
कहे मजनू लैला को पैग़ाम दे दो।

हमको बुरा कहे है जमाना सारा,
जो अच्छा कहे उसे इनाम दे दो।

किसी की जुल्फो में हम भी पनाह पाए,
बेचैन तसव्वुर[235] को आराम दे दो।

तड़पे कोई बुतां[236] ख़ातिर हमारे भी,
दिलों के क़त्ल का इल्ज़ाम दे दो।

---

[235] ख्याल, कल्पना
[236] प्रेमिका

दीदा–ओ–दिल[237] की बेकली[238] किसको सुनाए ''अश्क'',
दोनो घरो के वास्ते एक मह–ए–तमाम[239] दे दो।

237 आँख और दिल
238 व्याकुलता
239 पूरा चाँद, हसीन, महबूब

37
चरागों की दुश्मन

हर मरज़[240] की दवा नहीं होती,
मोहब्बत यूं ही अदा नहीं होती।

हर अश्क़ में लहू का समंदर है,
ऐसी सस्ती वफ़ा नहीं होती।

इक़ामत[241] नहीं गुफ़्तुगू उनसे,
होती है पर सदा नहीं होती।

उफ ये जल्वा—गरी[242] क्यों मचल न जाए दिल,
चोंट दिल की बेवजह नहीं होती।

इश्क़ ही इश्क़ है ख़ल्क़[243] से फ़लक[244] तक,
ये वो शय है जो बयाँ नहीं होती।

---

[240] रोग, बिमारी
[241] पड़ाव, सदा, स्थाई
[242] हुस्न, तेज
[243] संसार, जनता
[244] आकाश

राह—ए—मर्ग[245] में था माशूक़ का आशियाँ [246],
मेहरबाँ सब पर कज़ा[247] नहीं होती।

बे—दिल[248] सी बुझ जाती है शमां यूँही,
''अश्क'' चराग़ो की दुश्मन हवा नहीं होती।

---

[245] मौत के रास्तें में
[246] घर
[247] मौत
[248] उदास

38
वाजिब है हज़र

उक्ता गया है दिल उनके नाज़ो नखरों से,
हमसे उठाया उनका ग़म्ज़ा[249] नहीं जाता।

ज़ौरे नुमाइश हम पर हो कब तलक,
रहम हम पर उनको नहीं आता।

वो सितमग़र ही सही मगर—ए—दिल,
दिल से उनका संग—ए—आस्ताँ [250] नहीं जाता।

तेरे ज़ौरो सितम का शिकवा अपने,
दिल में है जबां तक नहीं आता।

उस फ़ित्ना—ख़ू[251] से वाजिब[252] है हज़र[253],
पर क़ासिद[254] से नामा[255] तो भेजा नहीं जाता।

---

249 नखरा, हाव—भाव
250 दहलीज़ का पत्थर
251 जिसका स्वभाव खराब हो
252 उचित, आवश्यक
253 इंकार, बचाव
254 पत्रवाहक
255 पत्र

आलम-ए-इज़्तिराब[256] की वज्ह तुम हो,
के प्यार तुमको करना नहीं आता।

पढ़े थे प्यार के अक्षर और बस तभी से,
दाना[257] हुआ ''अश्क'' दबिस्ताँ [258] नहीं जाता।

---

[256] बेचैनी की हालत, चिंता की स्थिति
[257] चतुर, होशियार
[258] पाठशाला, स्कूल

39

काम बुते काफ़िर का

ख़फ़ा—ख़ता से नहीं ज़फ़ा से है,
हमको मोहब्बत तेरी अदा से है।

ये दो तरफा इनायत[259] मंजुर हो तो कैसे,
इतनी शिकायत बेवफ़ा से है।

चिरागे मोहब्बत महफूज़ नहीं दिखते,
क्यों कर रिश्ता इनका तेज हवा से है।

दिल—फरेबी[260] है काम बुत-ए-काफ़िर[261] का,
हुनर में वो अपने रवा[262] से है।

दिल—नशीं[263] चेहरों से है दूरियाँ बेहतर,
के जख़्म अपने अभी जवाँ[264] से है।

जिनकी गलियों के मोड़ हमें है जबानी,
वो पुछते है ''अश्क'', आप कहाँ से है।

---

259 दया, उपकार
260 दिल लुभाने के क्रिया
261 अविश्वासी प्रिय
262 प्रचलित, कण, उचित
263 जो दिल में बैठ गया हो
264 जवान

40
सिंदूर और का सही

हसरते सभी नाकाम है,
आदमी वक़्त का गुलाम है।

तेरी माग़ँ में सिंदुर और का सही,
तू मेरे नाम से बदनाम है।

खुले है जख़्म तेरी जुदाई के,
मोहब्बत का ये ईनाम है।

पूछे है हाल जख़्म देकर बारहा,
कैसी सरफिरी ये अवाम[265] है।

बरसे है शराब फ़लक[266] से यूं ही,
अपने हिस्से में बस खाली जाम है।

इश्क़ के भवरँ में जो ''अश्क'' को छोड़ा,
जफ़ा–कारी[267] का उनपर इल्ज़ाम है।

---

[265] जनता
[266] आकाश
[267] जुल्म

41
तू मौजूद और मैं बेज़ार

अकेले है तन्हाई है,
तन्हा मेरी परछाई है।

जब तू मौजूद और मैं बेज़ार[268],
महबूब ये तेरी रूसवाई[269] है।

आफ़त है उलफ़त[270] में खरा हो जाना,
ये बात उन्हें पर अब समझ आई है।

नूरानी[271] चेहरों पर ए–दिल एतबार न कर,
चोट हमने इन्हीं से खाई है।

लिखा है जो कुछ भी तुम पर अब तक,
वो खुद ही को अब तक सुनाई है।

अपने दिल को लफ्ज़ो में पिरो लाया है ''अश्क'',
यूँ ना कहो की मतला[272], गज़ल या रूबाई[273] है।

---

268 दुखी, उदास
269 बेइज्जती, निंदा
270 प्यार, इश्क़
271 चमक–दमक वाला
272 गज़ल का पहला शेर
273 उर्दू की एक प्रकार की कविता जिसमें चार चरण होते है

42
दो गज़ निकली

अपनी जमीनों की जब मैने नुमाइश की,
दो गज़ निकली जब उसने पैमाइश की।

आख़िर जिस्म का भी क्या निकला जनाब,
ता–उम्र जिसकी हमने खुब आराइश[274] की।

इब्तिदा[275] ही भर गई मेरी ख़ाली झोली,
ख़ूब मिला जब उसने नवाज़िश[276] की।

इब्ने[277] खुदा है सभी दुनिया वाले,
वो नहीं पूछता किसने परस्तिश[278] की।

अभी–अभी मेरे घर का चूल्हा जल गया,
अभी–अभी मैनें उससे नालिश[279] की।

सारे गुनाह वो मेरे अपने सर ले गया,
यूँ उसने मेरी पूरी हर ख़्वाहिश की।

---

274 सजावट, श्रृंगार
275 प्रारंभ, शुरूआत
276 कृपा, मेहरबानी
277 पुत्र, लड़का
278 पूजा, आराधना
279 शिकायत

कई मर्तबा हमसे गिरते संभाले,
कई मर्तबा हमसो ने साज़िश की।

सर्फ़—इबादत[280] में मशरूफ रहे ग़र ''अश्क'' यूँ ही,
परवाह किसे फिर दोज़ख़[281] के आतिश[282] की।

कई मर्तबा हमसे गिरते संभाले,

---

[280] प्रार्थनालीन
[281] नरक
[282] आग, जलन

43
अपने ठिकाने पर

लबो पर जान दिल मुहाने पर,
कटी अपनी तुझे भुलाने पर।

शर्मिंदा है वो अपनी जफ़ा से यूँ तो,
रो दिया मेरे मुस्कुराने पर।

दरिया–ए–इश्क़[283] में बेपतवार है आशिक़,
पार होते है मगर डूब जाने पर।

गुनाह का बोझ अपने सर कुछ कम होता,
ना जाता मैं जो उसके बुलाने पर।

हो आफ़त कितनी भी बड़ी मगर यूं है के,
कम जान पड़ती है बीत जाने पर।

घरौंदें रेत से के है ये रिश्ते ना गिराओं इन्हें,
गिर जाती है इमारतें भी गिराने पर।

---

[283] प्यार का दरिया

शराब हो या शबाब[284] हो ''अश्क'',
है अच्छी मगर अपने ठिकाने पर।

---

[284] उठती जवानी, जवानी

44

हम बाप हो गए

तवक़्क़ो[285] की और हम आप हो गए,
इस कद़र रोए के बस पाक हो गए।

हमारी हमको ही ख़बर कहाँ,
दिवानों के हम सरताज हो गए।

इश्क़ छुपाए छुपता है कहीं,
आशिक़ सारे बे—नक़ाब हो गए।

ना बताओ आशिक़ी का खेल हमें बच्चे,
तुम्हारी सी उम्र में तो हम बाप हो गए।

शमां जली है तो बुझना भी लाज़िम[286] है,
ख़ाक मिली ख़ाक में बस ख़ाक हो गए।

तेरी मोहब्बत ने ''अश्क'' की मुश्किले बढ़ा दी,
दुश्मन थे दो चार अब तो लाख हो गए।

---

[285] इच्छा, आशा, अभिलाषा
[286] जरूरी

45
कोई दबिस्तान होता

दिदार–ए–यार[287] कितना आसान होता,
तेरे घर के पास ग़र गुलिस्तान [288] होता।

बैठे रहते तेरी रहगुज़र[289] में यूँ ही,
ना कोई आस्ताँ [290] होता ना कोई परेशान होता।

वो मिलने को आए मेरे मरने के बाद,
काश कैसे भी वो मेरा मेहमान होता।

ये बेपर्दा हुस्न आफ़त है आशिक़ों के लिए,
यूँ ना आते तो हमपर अहसान होता।

क्यों आए बाज़ार वो लेने को सुरमा,
हम खुद को जला देते जो फ़रमान[291] होता।

मोहब्बत को शोक से पढ़ता हर कोई,
इश्क़ का ग़र कोई दबिस्तान[292] होता।

---

287 प्रेमी / प्रेमिका के दर्शन
288 बाग, चमन
289 रास्ता, पथ
290 चौखट, देहलीज
291 आदेश, आज्ञा
292 स्कूल, पाठशाला

लुत्फ़ लेते आशिक़ अपनी कलम से,
''अश्क'' का ग़र कोई दीवान होता।

46
मह-रूख़ है माशूक मेरा

जहाँ बेबसी हो वहाँ इख़्तियार[293] भी होता है,
जहाँ बेरूख़ी हो वहाँ प्यार भी होता है।

सांसे रूक भी जाए तरसते आशिक़ो की ग़र,
आँखे खुली रहे तो इंतजार भी होता है।

मह–रूख[294] है माशूक मेरा,
और ईद की रात दीदार भी होता है।

काँपते लब और उलझते अलफ़ाज़[295] हो हया से,
झुकी पलकों से उनका इज़हार[296] भी होता है।

जख़्म मिलते है आशिक़ी में बेशुमार,
जहाँ दर्द है वहीं करार भी होता है।

नामंज़ूर है उन्हे अपने शाने[297] पर सर मेरा,
कहते है हटो अब हमें भार भी होता है।

---

[293] अधिकार, वश, काबू
[294] चाँद जैसी सूरत वाली
[295] अर्थपूर्ण आवाजें जो बोली/लिखी जाएँ
[296] प्रकट करना
[297] कंधा

लाख कोशिश की हवा ने उसे बचाने की,
पर सर परवाने के इश्क़ सवार भी होता है।

जो फसां दुनिया के भँवर में, सो गया ''अश्क'',
पीर कहता है कोई पार भी होता है।

47
हम मुफ़्लिसी पर हँसे

दिए ग़म बेशुमार जिसने,
उनको बहार दी हमने।

जो ज़रा हँस कर मिला,
दुआ हज़ार दी हमने।

हम मुफ़्लिसी पर हँसे, मुफ़्लिसी[298] हम पर,
यूँ हँस कर जिंदगी गुज़ार दी हमने।

जिनको जफ़ा के थे तमगे मिले हुए,
क्यों उन पर वफ़ा वार दी हमने।

निकला परी–वश[299] सज–धज कर आज फिर,
ख़ैर करे नज़र उतार दी हमने।

वो तंग–दिल[300] मेरे प्यार को अबस[301] जाना,
दिलो जान उसको बेकार दी हमने।

---

298 ग़रीबी
299 परियों जैसी
300 कंजूस, कमीना, ओछा
301 बेकार, निरर्थक

तुझसा मिला नहीं दूजा कोई सनम,
बस यूँ ही उम्र गुज़ार दी हमने।

जो था जैसा था वही कहा,
यूँ नहीं डींगे मार दी हमने।
                              84

तेरे हुकुम पर चलते रहे ख़ुदा,
अपनी हस्ती[302] ''अश्क'' सुधार ली हमने।

---

[302] जीवन

48
मुनहसिर है किस पर

की वफ़ा मिली बेवफ़ाईयाँ,
अपने हिस्से में है रूसवाईयाँ।

मेरे मुक़द्दर में भलाई कहाँ,
कर भला हो बुराईयाँ।

बिना कोई बात कैसे भुलूँ
जो बाते हमें सुनाईयाँ।

बे–वजह बदनाम हमको किया,
बदी अपनी खूब ऊड़ाईयाँ।

ये दो–तरफा इनायत[303] मुनहसिर[304] है किस पर,
ना हमने की कोई लड़ाईयाँ।

उजालो में साथ चलती थी हसँकर,
अँधेरों में छोड़ती परछाईयाँ।

---

[303] उपकार, कृपा
[304] निर्धारित, निर्भर

महफ़िले अब डंसती है हमें,
भली लगती है तन्हाईयाँ।

हमें कुछ पता ही नहीं चलता,
बाइस–ए–बेदिली[305] ये बेअदाईयाँ।

किसी के ख़्याल बदल सकते हो क्या,
''अश्क'' फिर आँखे क्यों रूलाईयाँ।

---

[305] उदासी का कारण

49
आह में ग़ज़ल कहना

दर कई दयार[306] कितने,
इश्क के है मज़ार[307] कितने।

आशिक़ो का लहू है सर इनके,
हंसी हुए गुनाहगार कितने।

दर्द की दवा ना मिल सकी,
राह में थे बाज़ार कितने।

नाकाफ़ी था क्या तेरा सितम फ़ित्ना[308],
के हमको मिले तेरे यार कितने।

घिन आती है आज तेरी ज़फा पर,
कभी थे हमी तलबगार[309] कितने।

करके भरोसा उनके वादो पर ए–दिल,
टूट गए एतबार कितने।

दर्द सहना आह में ग़ज़ल कहना,
करे है सुख़न[310] का कारोबार कितने।

---

306 इलाका, देश, क्षेत्र
307 कब्र, समाधि
308 उपद्रव या उपद्रव करने वाला, नटखट
309 इच्छुक
310 शेर, काव्य, बात–चीत

आगे थे हम कई हुनर में यकता[311],
के अब हुए बेकार कितने।

देखकर मोहब्बत की रंजिशे,
''अश्क'' हुए बेज़ार[312] कितने।

---

[311] लाजवाब, अद्वितीय
[312] नाराज़, निराश

50
काले लिबाज़ वाली ने

वहीं–वहीं पर भँवरे जहाँ फूलों की डालियाँ,
अदाएँ हसीनों की है सबसे निरालियाँ।

बहुत से हसीं है यूँ तो रू–ब–रू मेरे,
पर काले लिबाज़ वाली ने मेरा दिल चुरा लिया।

ए–नाज़नीं[313] घर से ना निकला करों यूँ ही,
सूरज चुरा ले ना कहीं गालों की लालियाँ।

तेरे बदन की लिखावट परियों से कम कहाँ,
चाँद के जैसी है तेरी कानों की बालियाँ।

लगे है ठेस कमर से बारहा दिल को,
चाले मेरे यार की जग से निरालियाँ।

यारों कोई दवा करो या दुआ मेरी,
कि मरज़–ए–इश्क़[314] हमने सबको दिखा लिया।

---

[313] सुन्दरी, कोमल
[314] प्रेम रोग

फ़ज़ा[315] में झुमते शोख़[316] हसीं ये बदन,
माहे बैसाख में झूलती ज्यों गेहूँ की बालियाँ।

तुम्ही सुकूं हो, जुनूं हो, दिल हो, जिगर हो,
मगर तुमसे भी बढ़कर लगती है सालियाँ।

---

[315] हवा, वातावरण
[316] सुन्दर

51

ख़ल्क़ में अमन की ख़ातिर

चल चलिए यूँही के जिन्दगी ही तो है,
अब तक अधूरा हूँ ये तेरी कमी ही तो है।

हर लुत्फ़ लिया हर काम किया मगर फिर भी,
हाथ है खाली आँखो में नमी ही तो है।

ना दो घड़ी बैठे ना उसका नाम लिया,
करते है प्यार खुद को ये बंदगी[317] ही तो है।

कई करते है दुआ ख़ल्क़ में अमन की ख़ातिर,
जहाँ मे फिर भी फैली दरहमी[318] ही तो है।

अपने वजूद को पाने की रखते है आरजू
तुमको पाने की ये भी कोई सई[319] ही तो है।

मुझ ही में मौजूद है सारी काइनात[320],
ना देखा ''अश्क'' ये वामान्दगी[321] ही तो है।

---

[317] पूजा
[318] अस्त–व्यस्त
[319] दौड़–धूप, कोशिश
[320] ससांर, जगत
[321] लाचारी

52

गैरो की साज़िश है

बदज़बानी[322] तेरी फ़ितरत[323] की नुमाइश[324] है,
दो गालियाँ ही चाहे ये ख़्वाहिश है।

कहते है बुरा हमको तुम्हारे आगे,
कुछ नहीं ये गैरों की साज़िश है।

और हमारे छेड़े से यूँ रूठा ना करों,
ज़ेरे लब तो दिलों की फ़रमाइश है।

ये लडकपन, ये नख़रा, ये गुस्सा तेरा,
जहाँ में न इसकी कोई पैमाइश है।

मय[325] से भरे ये होंठ तुम्हारे,
मय—कशी[326] की अपनी भी ख़्वाहिश है।

साड़ी में लिपटा तेरा ख़ंजर सा बदन,
आज अपने ज़र्फ़[327] की आज़माइश है।

---

322 गंदी भाषा, कड़वा बोलना
323 स्वभाव, आदत
324 दिखावा
325 शराब
326 शराब पीना
327 सहनशीलता, बहादुरी

रखते हो इस उम्र में भी आशिक़ाना मिज़ाज,
''अश्क'' की बेशर्मी ही बाइस[328] है।

53
कोई नर्द तो नहीं

लफ़्ज़ों में समा जाए वो कोई दर्द तो नहीं,
टूट जाए दर्द से वो कोई मर्द तो नहीं।

ता–उम्र[329] ग़म–ए–हयात[330] चलते है यूँ ही,
यानि घुटकर जीने में कोई ज़र्फ़ तो नहीं।

मोहब्बत में प्यार के हिस्से नहीं बटँते,
ये दिल कोई जायदाद की फ़र्द[331] तो नहीं।

ए–नसीम–ए–बहार[332] क्यों परहेज़ है तुझे,
मकां में मेरे कोई गर्द तो नहीं।

सुनती है रोकर, हँसकर उड़ाती है दुनिया,
वरना परेशाँ–हाल[333] कहने में कोई हर्ज़ तो नहीं।

क्यों खेलते है मुझसे ये दुनिया वाले,
के इंसां हूँ यारों, मैं कोई नर्द तो नहीं।

---

329 पूरी जिंदगी
330 जिंदगी का ग़म
331 हिसाब का रजिस्टर
332 बसंत की हवा
333 दुर्दशाग्रस्त, मुफ़लिस

आज दिल–ए–''अश्क'' की तबियत नासाज़[334] है,
मौसम तेरी यादों का वही सर्द[335] तो नहीं।

---

[334] प्रतिकूल, नादुरूस्त
[335] ठंड़ा, शीतकालीन

54

चीन-ए-पेशानी में

इस परेशाँ–दिल[336] का क्या किजे जनाब,
दिल जाता है अपना जां से पहले।

चीन–ए–पेशानी[337] में उनके तबस्सुम[338] को ढूंढ,
ख़िज़ाँ[339] आती है यहाँ फ़ज़ा[340] से पहले।

मोहब्बत को मुख़्तसर[341] में यूँ समझों,
नाम यार का आता हो खुदा से पहले।

इन कम उम्र आशिक़ो से ज़रा ये कह दो,
दर्द करता है ज़ख़्म रवा से पहले।

हम क्यों पूछे चाहोंगें किसे बाद मेरे,
तुम ना पूछों दिल दिया है क्या इस दफा से पहले।

इस दिल की यही इक ख़्वाहिश है,
एक मुलाकात हो क़ज़ा[342] से पहले।

---

336 जिसका मन ठिकाने ना हो
337 माथे का बल जो अप्रसन्नता का चिन्ह हो
338 मुस्कान, मंद हँसी
339 पतझड़, पतन
340 बहार, रौनक
341 लघु, संक्षेप
342 मौत

ज़लालत[343] की रोटी को मुहँ कैसे लगाऊँ,
ज़मीर आता है अपना ज़बाँ से पहले।

हुकुमत की ख़िलाफ़त[344] ज़रा सोच के कीजे,
सज़ा मिलती है यहाँ ख़ता से पहले।

---

343 अपमान, बेइज्ज़ती
344 विरोध

55
ख़ुरशीदे क़्यामत से

ये फरमान क्या गुनाह से कम है,
ना मिलू तुम्हें मुझे तेरी कसम है।

ये मोहब्बत की रंजिशे, ये दुनिया के ताने,
कैसा संगदिल ये अपना सनम है।

ना मिलू दिदार दूर ही से सही, इतना तो कर,
ना रोक मुझे के ये मेरा धर्म है।

जुदा है बदन मगर आग़ोश[345] में रूहे,
वो तर्जो–तौर[346] दुनिया के, ये अपना करम है।

ख़ुरशीदे–कयामत[347] नुमायाँ[348] है हमसे,
रहने दे अभी जो थोड़ा भरम है।

तले पाशना[349] के, ना रोदिंए दिल को,
ये दिल जो है अपना बेहद नरम है।

---

[345] गोद, बाँहो में भरना
[346] तौर–तरीक
[347] प्रलयावसर का सूर्य
[348] ज़ाहिर, व्यक्त, प्रकट
[349] एड़ी, पीछे

जाईये उकूबत[350] में हमें छोड़कर, पर याद रहे,
फिदा तुम पर ''अश्क'' के सातों जन्म है।

[350] यातना, पीड़ा

56
साक़ी की जुस्तुजू हुई

मोहब्बत की इब्तिदा[351], कुछ यूँ हुई,
पहले ख़त्म हुई कहानी, फिर शुरु हुई।

वो तीखे तेवर में हमसे उलझे,
फिर उसकी सहेली से गुफ़्तुगू हुई।

जुंबिश–ए–नज़र[352] जो देखे तेरे,
किसी साक़ी[353] की जुस्तुजू[354] हुई।

मैं शादीशुदा हूँ, पर तुम्हे देखकर,
अपनी फिर हथेली पर, आबरू[355] हुई।

एक अरसा बाद कोई गुल खिला,
तुम्हें पाने की आरजू हुई।

न दिल के ज़ख्म सूखे अभी,
न चाक–गिरेबाँ[356] रफू हुई।

---

351 शुरूआत
352 आँख का इशारा
353 माशूक़, शराब पिलाने वाला
354 तलाश, इच्छा
355 इज़्ज़त
356 फटा गिरीबान

दरमियां अपने रिश्ता न बन सका,
न मैं आशिक हुआ, न तू अदू[357] हुई।

हाय ये माशूक़-फ़रेबी[358] ये बेशर्मी तेरी,
''अश्क'' बेहद मशहूर तेरी ये ख़ू[359] हुई।

57

फ़ानूस पर हसँती हवाएँ

चेहरे देखे अदाए देखी,
हमने हसीं बलाए देखी।

अपने ज़मीर को लिए फिरते है जनाब,
कुबा[360] से भी नाजुक वफ़ाए देखी।

बदले है यार कपड़ो की मानिंद[361],
ऐसी–ऐसी बेवफ़ाए देखी।

इस बाजार में मोहब्बत की कीमत नहीं,
ठोकरो में पड़ी वफ़ाए देखी।

चला है जौर किसका मुक़द्दर पे कभी,
हमने फ़ानूस[362] पे हसँती हवाएँ देखी।

भला कर के तेरे काम आएगा,
ना खाली जाती हमने दुआएँ देखी।

---

[360] एक प्रकार की डोरी
[361] तरह, जैसा
[362] शीशे की चिमनी

मोहब्बत का सौदा करते है आजकल,
परवाने को निगलती शमाएँ देखी।

क्या नहीं देखा इस जिन्दगी में हमने,
बस ना दिल देखा उसका ना जफ़ाए देखी।

क्यों बकते हो ''अश्क'' खुमारी[363] में ज्यादा,
क़ाश लोग करे मेरे देखे को अनदेखी।

---

[363] हल्का नशा

58

बदनाम बहुत है

खाना–ए–दिल[364] विरान बहुत है,
फिर भी दिल में अरमान बहुत है।

इक वो ना हो सका मेरा हबीब[365],
और होने को तो इसांन बहुत है।

छुआ था जो उसने हमको निगाह से,
के दिल को खुद पर गुमान बहुत है।

मेरे मरने पर ग़र वो आशुँ बहा दे,
इस जिंदगी का ये इनाम बहुत है।

दिल–ए–बीमार की दवा वही है,
बेशक जहाँ में दरमान[366] बहुत है।

इन आँखों की मय को तुम पलकों से ढ़क लो,
के मयकशी[367] में मेरा नाम बहुत है।

और जुल्फ़ों को मेरे शाने[368] से हटा लो,
रहने दो हमें अभी काम बहुत है।

---

364 दिल का घर
365 माशूक़, दोस्त
366 इलाज, दवा
367 शराब पीना
368 कंधा

तेरे ज़िक्र में यूँ कहते है लड़के,
हसीं तो है पर बदनाम बहुत है।

न खेचों मेरे जनाज़े को यूँ कि,
शहर में मेरी पहचान बहुत है।

ना छेड़ो ''अश्क'' को कोई भी के बस,
बेचारा ये पहले परेशान बहुत है।

59
यूँ चले जाना

मेरा आना तेरा चले जाना,
दिल को खलता है, यूँ चले जाना।

दो घड़ी पास मेरे भी बैठो,
खा थोड़ा जाऊंगा मैं दिवाना।

दिल की बीमारियों को समझों ज़रा,
तेरी आगोश है दवा–खाना।

मेरी ख़ामोशी बिना बात नहीं,
दिल मेरा हो गया है बेग़ाना।

घूँट दो घूँट में जियाँ[369] कैसा,
तेरी आँखो में पूरा मयखाना।

मैं गुनाहग़ार हूँ तेरा लाज़िम[370],
तुमको तकता था मैं तो रोज़ाना।

मेरी मजबूरियों को पहचानों,
तुमपे मरता हूँ मैं दिल–ए–जाना।

तू हसीनों में हसीं है सबसे,
और मैं सबसे बड़ा दिवाना।

---

369 नुक्सान, हानि
370 जरूरी, पक्का

ग़र मैं दिल हूँ तो तुम मेरी धड़कन,
बिन तेरे कैसा फिर जिए जाना।

इतना कहदो के मुझसे प्यार नहीं,
फिर चला जाऊंगा मैं अनजाना।

''अश्क'' बहते है क्या कुछ नहीं कहते,
तुम ज़रा इनकी जबां सुनजाना।

60
तेरी जवानी पे

चमन में खुशबुए अपनी रवानी पे है,
समझो नज़र अपनी तेरी जवानी पे है।

कौन सा गुल महकता है कितना,
मुनहसिर[371] ये बाग़बानी[372] पे है।

ना तारीफ करो झूठी तुम ख़फा हो शेर से,
गुस्सा ज़ाहिर तेरी पेशानी[373] पे है।

जो आया दिल में सो कह दिया,
तुमको गुस्सा मेरी साफ़–बयानी पे है।

निगाहों से होकर तू उतरती है दिल में
तू खतरा दिल की निगहबानी[374] पे है।

मिटा दो हमको या लगा लो दिल से,
ये नीम–जाँ[375] तेरी मेहरबानी पे है।

फ़क़त मैं ही नहीं तुम्हें देखकर,
क्या जाने कौन–कौन परेशानी में है।

---

371 आधारित
372 माली का काम
373 माथा
374 रक्षा, चौकीदारी
375 अधमरा, प्रेमी

ग़र किसी के काम ना आ सके,
तो लानत ऐसी जिंदगानी पे है।

मौत का क्या है एक दिन आनी है सबको,
मुदआ[376] जिंदगी की आसानी पे है।

''अश्क'' हसीनों से गुफ़्तुगू[377] करते हो कैसे,
लोग हैरान तेरी बदज़बानी पे है।

____

[376] उदेश्य, मतलब
[377] बातचीत

61
गीत (तुझको ढुंढू कहाँ)

''टूटा गिरा फ़लक़ से, उभरता हुआ सितारा,
तुमसा न होगा एक भी कोई कभी दोबारा''।
''तोड़ी कलाई ज़ुल्म की तूने किया आगाज़,
अपनी जान लुटा दी पर बेबस की बचाई लाज''।

तुझको ढुंढू बता मैं कहाँ
माँ रोती फिरे बाप घुँट–घुँट मरे।
तेरे बिन सब अधूरे यहाँ,
तुझको ढुंढू बता मैं कहाँ।

फूल जहाँ में तो लाखों खिले,
तुमसा ना कोई भी दूजा मिले।
बागबाँ ही नहीं गुलशिताँ ही नहीं
सारी दुनिया हुई है वीराँ।

तुझको ....
जीते है सारे ख़ल्क में मगर,
तेरी चर्चा रहे फलक़ में अमर,
तुझसा बेटा यहाँ माँए मागें सदा,
सारी बहनों का तू रहनुमाँ।

तुझको ढुंढू ....

क़ातिल छिपाए था शमशीर को,

धोखे से मारा मेरे वीर को,

ग़र जो होती ख़बर, आ जो जाता नज़र,

उसकी हस्ती तू देता मिटा।

तुझको ....

मेरा हमकदम मेरा राही बने,

तू जन्मों–जन्म मेरा भाई बने,

तुझको जन्नत मिले फूल राह खिले,

मेरी रब से है इतनी दुआ।

तुझको ढुंढू ....

62

गीत (मरहबा-मरहबा)

''मेरा दिवानापन तेरा गोरा बदन
तेरी क़ातिल अदा मरहबा—मरहबा'' ।

तेरी बिरहा की राते मैं गिनता रहा,
तेरे ख़्वाबों में तुमको ही चुनता रहा,
मेरे इज़हार पे और बड़े प्यार से,
हाँ कहा यार ने मरहबा—मरहबा....

जुल्फ़ महकी हुई संगमरी सा बदन,
लब भीगे हुए शबनमी से नयन,
तेरी सासों की खुशबू मेरी सासों में
एसे घुलने लगी मरहबा—मरहबा....

ना रहो होश में मेरी आग़ोश में,
दिल भरे जोश में रूहे ख़ामोश है,
इस नशीले बदन की हसीं हरकते,
नज़र आने लगी मरहबा—मरहबा....

मनीष **"मनीष अश्क"** एक नौजवान शायर, खुशमिज़ाज, हँसमुख व्यवहार के मालिक है। परन्तु उनकी शायरी की गहराई से उनके संजीदा व्यवहार का भी परिचय मिलता है। उन्होनें अपनी शायरी में इश्क़, मोहब्बत, अध्यात्म, सामाजिक बुराईयाँ व जिन्दगी के हर पहलु पर शायरी लिखी है।

उन्होंने अपनी शायरी में उर्दु व हिन्दी भाषा का अधिक प्रयोग किया है। उनकी शायरी का अन्दाज़ कुछ इस तरह का है जो परिस्थितियों को इस तरह उज़ागर करता है मानो दृश्य हमारी आँखों के सामने घटित हुआ है।

पेशे से J.E. के पद पर कार्यरत मनीष लोहट ने शायरी की शुरूआत अपने बचपन में ही अपने पिता श्री सुरेन्द्र जी की शायरी को देख कर की थी। उन दिनों मस्तमोला दिखने वाले मनीष की दिल की गहराईयों का पता उनकी शायरी को पढ़ कर होता है। उन्होनें क्या खूब लिखा है :–

"अपनी जमीनों की जब मैनें नुमाइश की,

दो गज़ निकली जब उसने पैमाइश की।"

उन्ही दिनों उनके मित्र उन्हें "लव गुरू" के नाम से भी पुकारते थे। क्योंकि वे अक्सर अपने दोस्तों को प्यार में आने वाली समस्याओं से निकलने के सुझाव दिया करते थे। इस का ज़िक्र उन्होनें अपनी शायरी में भी किया है।

"बारे इज़्तिराब–ए–इश्क ग़र कोई पुछे,

वो हमसे आके मुलाकात करे।"

वे "मिर्ज़ा ग़ालिब" की शायरी से बहुत प्रभावित है। उनकी शायरी के अन्दाज़ से पता चलता है कि मिर्ज़ा ग़ालिब के वो किस कदर मुरीद है। ये आग़ाज़ है उनकी बेहतरीन शायरी का जिसकी प्रसिद्धी एक दिन फ़लक़ को छूएगी।